AF234440

# RÉPONSE

## Général MAHMOUD BENAÏAD

## LETTRE DU Général HEUSSEIN

MINISTRE DU BEY DE TUNIS

---

PARIS

IMPRIMERIE ADMINISTRATIVE DE PAUL DUPONT
RUE JEAN-JACQUES-ROUSSEAU, 41
1873

# RÉPONSE

## DU GÉNÉRAL MAHMOUD BENAÏAD

### A LA LETTRE

### DU GÉNÉRAL HEUSSEÏN

MINISTRE DU BEY DE TUNIS

Paris, le 4 mai 1875.

# A Son Excellence le Général Heusseïn

A TUNIS.

Général,

J'ai reçu votre lettre du 18 avril dernier en réponse aux deux miennes des 4 février et 12 mars précédents. Les nombreuses erreurs, les allégations sans fondement, les citations inexactes et incomplètes sur lesquelles vous vous appuyez, enfin l'absence de logique et de conclusion, m'obligent à vous écrire de nouveau pour rétablir la vérité des situations d'une manière claire et indiscutable. Vous me faites tout d'abord un grief d'avoir rendu publiques les lettres que je vous ai adressées. Mais n'oubliez pas, Général, que lorsque j'ai eu recours à ce moyen, un certain temps s'était écoulé depuis l'envoi de mes lettres sans que vous eussiez daigné me favoriser d'une réponse. En ce qui concerne les papiers renfermés dans les quatre caisses trouvées au domicile de mon ancien mandataire, le caïd Nessim Samama, pièces que, de votre propre autorité, vous qualifiez de papiers d'État que nul n'a le droit de détenir ni même de connaître, il est heureux que le tribunal de Livourne n'ait pas été de votre avis.

Sans sa récente décision vous vous seriez fait remettre des documents que je maintiens être du plus haut intérêt pour moi, et qui jetteront un jour éclatant sur les ténébreux agissements à l'aide desquels les pièces les plus importantes, des teskérets de grande valeur et m'appartenant, ont été retenus et livrés traîtreusement par mon mandataire infidèle aux agents du Gouvernement tunisien.

L'opinion publique appréciera les procédés du général Khérédine qui était chargé de représenter ce Gouvernement à Paris lors de mon différend avec le Bey. Elle saura comment les documents qui se trouvaient entre les mains de Nessim Samama, et qui m'étaient nécessaires pour établir mes comptes et prouver la légitimité de mes réclamations, ont été remis par lui aux agents du Bey. En effet, plus de cent soixante lettres écrites par Nessim au Gouvernement tunisien et trouvées à l'inventaire de Livourne, attestent que ce dernier réclamait la restitution des originaux de pièces et de documents à moi appartenant, qu'il avait remis au général Khérédine pendant mon procès avec le Bey de Tunis. Dans une de ces lettres Nessim disait : « Ces pièces vous ont servi contre Benaïad ; rendez-les-moi maintenant que « j'en ai besoin à mon tour contre lui. » Général Heussein, vous qui assistez à l'inventaire, vous n'ignorez pas l'existence de ces lettres. Vous voulez voir des secrets d'État dans les quatre caisses en question ; moi je suis certain qu'on n'y trouvera que des documents qui

m'appartiennent. Voici au surplus le dispositif du jugement
du tribunal de Livourne du 27 mars dernier :

« Dit que de tous les papiers, documents, notes et écri-
« tures trouvés dans la succession du caïd Nessim Sa-
« mama, aucun n'est exclu ni excepté de la lecture qui
« doit en être faite en présence de toutes les parties ad-
« mises à assister à la formation du susdit inventaire. »

Vous dites, Général, que vous n'avez fait que remplir
votre devoir en vous opposant à la lecture de ces pièces :
très-bien ; le jugement de Livourne vous décharge de votre
responsabilité.

Si, comme vous le prétendez, il y a un triage à faire, et
si à la lecture des pièces il s'en trouve d'étrangères à mes
discussions avec le Bey, je serai le premier à demander
qu'elles vous soient remises. Vous soutenez que j'affecte
de dire que je ne suis pas débiteur du Gouvernement
tunisien. En effet, je ne crains pas d'affirmer que je suis
au contraire son créancier de sommes considérables. Quant
aux 27 millions de piastres dont vous parlez avec tant
d'emphase, vous savez très-bien ce qu'il en est :

Ainsi que cela figure sur le tableau de mes réclamations
annexé aux consultations des avocats, ces 27 millions ne
sont autre chose que : 23 millions en teskérets d'huile qui
m'avaient été remis pour être négociés en France pour
compte du Bey, et pour me couvrir de l'avance de 8,950,000
piastres effectives faite par moi à son Gouvernement,

comme cela est dit aux pages 12 et 13 de la sentence arbitrale.

Tous ces teskérets ont été annulés par une nouvelle émission faite par le Bey et réduits ainsi entre mes mains à l'état de chiffons, tandis que son Gouvernement a joui des 8,950,000 piastres déboursés par moi en espèces depuis plus de vingt ans.

Il y a en outre 3,277,750 piastres en billets de banque périmés, que j'ai également entre les mains et qui sont autant de morceaux de papier sans valeur. J'ai toujours tenu ces teskérets et ces billets de banque à la disposition de S. A. le Bey, et j'offre de les déposer immédiatement à la Caisse des dépôts et consignations, ou dans toute autre caisse publique, si vous avez le courage d'accepter pour juges entre nous les tribunaux de France, d'Italie ou de Turquie, pour l'exécution de la sentence arbitrale.

Voilà donc, Général, en quoi consiste la prétendue créance de votre Gouvernement de 26,277,750 piastres. Il m'est bien facile et peu coûteux de vous donner satisfaction, tandis que moi je vous demande le payement effectif de sommes autrement considérables que vous me devez en exécution de la sentence arbitrale. Le compte que j'ai fait établir article par article porte le total net de ma créance à :

     44,559,754 piastres en argent,

     45,205     » caffis orge nature,

     31,201     » caffis de blé,

     131,113 métaux d'huile.

Je possède à l'appui de ces comptes les teskérets signés par le Bey lui-même constatant les versements faits par moi pour compte du Gouvernement tunisien, au Bey personnellement, à sa famille, à son armée et cela pendant neuf années consécutives. Je ne fais donc que réclamer ce qui m'est légitimement dû, et moins que personne vous ne pouvez l'ignorer. Lorsque je vous mets en demeure de me poursuivre, puisque vous soutenez que je suis votre débiteur, vous répondez qu'il ne convient pas au Bey de Tunis de m'attaquer devant les tribunaux de France ou d'Italie, parce que, plus heureux que mon ancien mandataire le caïd Nessim Samama, auquel vous avez la courtoisie de m'assimiler, je suis encore vivant ! J'avoue que je ne puis comprendre une semblable réponse. Attendre qu'un débiteur solvable soit mort pour lui réclamer le payement de sa dette, c'est une manière d'agir si invraisemblable qu'on n'ose vraiment y croire. Mais malheureusement ce procédé n'a été que trop employé par votre Gouvernement, et, pour n'en donner qu'une preuve, je vous citerai l'affaire de Taouëir. Cet honorable négociant de Sax s'était établi en Egypte et y avait amassé une fortune assez considérable. Bien qu'il n'eût jamais eu des rapports d'affaires avec le Gouvernement tunisien, à sa mort, le beylik retint en otage sa femme et ses enfants restés en Tunisie, et dépécha au Caire le nommé Hassouna Haddad pour s'emparer de la fortune du malheureux Taouëir. Heureusement la justice égyptienne, avertie secrètement à temps de l'existence de la veuve et des enfants, empêcha cette odieuse spoliation. La vérité est que vous vous souciez peu de votre créance contre moi, parce que son payement ne ferait pas rentrer un denier dans le Trésor tunisien, tandis que vous seriez obligé, vous, en réglant nes comptes, de me solder en bonnes espèces ou valeurs.

Vous ajoutez que, réfugié en France depuis vingt ans, j'y brave impunément l'autorité de mes anciens et nouveaux maîtres. C'est tout le contraire qui a lieu, puisque je n'ai cessé de vous appeler pour le règlement de nos différends devant les tribunaux français, dont la réputation d'indépendance et d'intégrité n'est contestée par personne. Vous voulez que j'accepte le gouvernement tunisien pour juge entre nous. Est-ce admissible? Vous savez bien que dans ce pays il y a ni lois écrites ni tribunaux organisés.

Si j'étais retourné à Tunis, si je m'étais confié à la justice de mes anciens et nouveaux maîtres, j'aurais pu craindre d'y être traité avec la même rigueur que les généraux Sunni, Rechid, Morabet et Sala Chiboub. Laissez-moi vous rappeler à vous-même, monsieur Hussein, que pendant plusieurs années vous avez été victime du pouvoir absolu et que, pour fuir l'arbitraire et trouver la liberté, vous avez été obligé de vous réfugier en France, en Angleterre et à Constantinople. Moins qu'à personne il vous convient donc de dire qu'on ne saurait vivre loin de Tunis, sans cesser d'être honnête homme.

Vous insinuez que j'ai fui de Tunis et que ma fuite seule

a donné naissance au différend, dont la solution a toujours été retardée par mon refus de tenir compte des bases indiquées par la sentence arbitrale. Autant de mots, autant d'erreurs. Si dans le langage tunisien on appelle fuir, quitter une ville pour entreprendre un voyage en laissant derrière soi sa famille et sa fortune tout entière, oui, j'ai fui ; mais, si au contraire, vous employez ce mot dans son acception propre, je proteste énergiquement.

Vous n'ignorez pas que j'ai quitté Tunis au bruit de salves d'artillerie, embarqué sur un des bateaux de l'Etat, *le Minos*, accompagné jusqu'à bord par tous les plus grands personnages du pays. Vous pouvez le demander au général Khérédine qui, lui-même, était présent. Pendant mon séjour à Paris, j'ai représenté le Bey en qualité d'envoyé extraordinaire pour féliciter l'empereur Napoléon III, au sujet de son élévation au trône. J'avais si peu fui de Tunis, que le Kasnadar m'écrivait, à la date du 12 ramadan 1268 : « Le Bey a été heureux de vous savoir en bonne santé et d'apprendre l'honorable accueil qui vous a été fait à Malte, etc., etc...., » Et le 9 djoumad-el-tani 1269 : « Nous vous avons écrit hier au sujet de..., etc., etc..., » et tant d'autres lettres qu'il serait déplacé de citer ici. Je pouvais rentrer à Tunis quand bon me semblait, plusieurs personnages considérables m'y engageaient, afin de terminer à l'amiable mon différend avec le Bey.

Voici, en effet, ce que m'écrivait, en 1865, M. Roche, consul de France à Tunis :

« Nous avons reconnu que le parti le plus propre, la voie
« la plus convenable et la plus directe pour atteindre le
« but, est qu'à la réception de cette lettre, vous vous ren-
« diez ici avec celui qui en est le porteur. A votre arrivée,
« moi-même en personne, je vous conduirai chez S. A. le
« Bey. »

Ne répétez donc plus cette calomnie que le général Khé-
réddine a usée en la colportant et répandant partout afin
de ternir ma réputation. Vous dites que votre Gouvernement,
s'inspirant de la sentence et d'une lettre de M. Waleski,
a toujours demandé le payement des sommes qui vous auraient été accordées par la sentence et l'apurement de tous
comptes restés en suspens, conformément aux lois et aux
usages de Tunis. En effet, pour vous soustraire au payement
de vos dettes, vous avez toujours eu la ridicule prétention
de scinder la sentence arbitrale pour obtenir, au préalable,
le payement des sommes à vous allouées, sans tenir compte
de celles que vous me devez, et vous avez demandé à vous
constituer juge et partie dans votre propre cause.

Le général Khérédine et le secrétaire du Bey avaient
été nommés à cet effet, contrairement aux principes les
plus vulgaires du droit dans les pays civilisés; quant aux
lois de Tunis, vous savez mieux que moi ce qu'il en est.
On comprend aisément le motif pour lequel vous préférez
vous soumettre au jugement de ces deux personnages plutôt
qu'aux tribunaux de France, d'Italie ou de Turquie.

Vous me dites dans votre lettre que je n'ai jamais en-

voyé à Tunis un mandataire muni de pouvoirs suffisants.
Permettez-moi, Général, de vous dire que cette allégation
est inexacte. Aussitôt que la sentence impériale fut rendue,
j'envoyai à Tunis M. Mercier, chargé de mes pleins pouvoirs; il se présenta devant le Bey avec M. Roche, consul
général de France, et c'est alors, pour la première fois,
que ce prince déclara qu'il avait nommé pour juges les
deux personnages indiqués plus haut. Son Altesse ajouta
alors qu'elle ne pouvait accepter, pour mon représentant,
qu'un sujet tunisien. La vérité de ces faits est constatée par
de nombreuses protestations faites par M. Mercier et par
moi-même. Ces protestations, ainsi que le refus du Bey,
existent dans les archives du consulat de France, dans
celles du ministère des affaires étrangères à Paris. J'en
ai les copies légalisées, que je tiens à votre disposition.
En outre, j'ai envoyé, plus tard, M. Édouard Lafuente
avec les mêmes pouvoirs, et il a rencontré, chez les agents
tunisiens, la même force d'inertie, les mêmes fins de non-
recevoir et la même mauvaise volonté pour arriver à une
solution; ses protestations en font également foi.

Cependant, il y a deux ans, pressés vivement par le
Gouvernement français, les ministres tunisiens déclarèrent,
enfin, au consul qu'ils acceptaient la proposition tant de
fois renouvelée par moi, c'est-à-dire, la nomination de deux
personnes par S. A. le Bey, de deux par moi et d'une
cinquième par la France, en cas de désaccord. Mais quand
on en est venu à la signature du compromis, les agents

tunisiens ont refusé de donner suite à l'accord verbal et ont repris leur ancien système. Des documents officiels constatent également ces faits.

Vous me demandez pourquoi, si ma créance est sérieuse, je n'ai pas fait valoir mes titres auprès de la commission financière chargée de l'unification de la dette tunisienne. Il semblerait, d'après vous, Général, que mes droits n'existeraient pas, parce que je ne les aurais pas soutenus devant cette commission.

Heureusement pour moi, je n'y ai pas manqué. Par trois fois, j'ai essayé de faire examiner ma créance par cette commission et, par trois fois aussi, le Gouvernement tunisien, usant de son omnipotence arbitraire, a intercepté ma requête et mes protestations.

La preuve de ce que j'avance ici existe dans les archives du consulat de France à Tunis, à Paris, au ministère des affaires étrangères, et doit se trouver dans vos propres bureaux ; j'ai les copies légalisées de mes protestations.

Voici, en effet, ce que le premier ministre écrivait au consul de France à la date du 3 décembre 1869 :

« Le gouvernement de S. A. le Bey ne peut consentir à ce que cette affaire soit portée devant la Commission financière, parce qu'elle n'est nullement de son ressort et de sa compétence. »

Ainsi, d'un parti pris, on m'a fermé toutes les issues. J'aime à penser, Général, qu'à cette époque vous étiez absent de Tunis.

En ce qui concerne le séquestre de mes propriétés, vous dites que, quand bien même le Gouvernement aurait pris cette mesure conservatoire, il n'aurait fait qu'user d'un droit que la sentence lui reconnaissait. Le passage de ce document que vous citez sous le numéro 3 est suivi sous le numéro 4 de ces paroles (il aurait au moins fallu ne pas tronquer la citation) :

N° 4. « Que cependant, dans le cas où il serait constaté que des actes d'une rigueur excessive ou des fautes grossières imputables aux agents du Gouvernement tunisien auraient causé à ses propriétés des dommages matériels, il (le général Benaïad) aurait le droit d'en demander la réparation à Son Altesse. »

N° 5. « Qu'à plus forte raison, il est autorisé à réclamer à Son Altesse la remise de tous les objets, sommes et valeurs provenant de ses biens qui auraient été saisis ou reçus par le Gouvernement. »

Que conclure de cela? sinon que vous êtes responsable vis-à-vis de moi de tous les effets de ce séquestre, et que vous êtes tenu de me restituer tous mes biens, toutes mes valeurs mobilières et toutes mes créances contre divers qui s'élèvent à plus de 10 millions.

Qu'en avez-vous fait? A qui en avez-vous confié l'administration? Qui en a dressé l'état?

Vous dites que ce sont mes neveux qui ont demandé et obtenu dans les formes ordinaires que mes biens fussent frappés de saisie, pour sauvegarder leurs droits comme

étant mes associés. Mais soyez donc conséquent avec vous-
même. Est-il admissible qu'un créancier sérieux, nanti de
gage, se désaisisse volontairement de ce gage au profit
d'étrangers? Ce serait la première fois que l'on verrait un
pareil désintéressement.

Mais, en admettant pour un instant que mes neveux qui
sont mes débiteurs et non mes associés, aient obtenu cette
saisie pour leur compte, faites-moi donc connaître, dans ce
cas, qui est-ce qui administre mes propriétés et dans quelle
caisse en sont versés les revenus. Je sais qu'elles tombent
en ruine et qu'une grande partie a été aliénée ou donnée
par le Bey, quoique tous les titres soient toujours entre
mes mains.

Il n'y a qu'à Tunis qu'on peut voir de pareilles choses.
Mais si mes neveux étaient mes associés, comme vous
l'écrivez, ils seraient donc, à ce titre, tenus avec moi de
ma prétendue dette vis-à-vis de votre Gouvernement! Comment dès lors expliquer vos paroles.

Évidemment vous n'avez recours à ce faux-fuyant que
pour échapper à la responsabilité qui vous incombe de par la
sentence elle-même. La vérité est que tous mes biens, d'une
valeur de plus de 20 millions, et tous leurs revenus depuis
vingt ans ont été réellement reçus, saisis et placés par vous
sous le séquestre, et que vous seul en êtes responsable.

Voici, au surplus, une lettre du ministre qui renverse
tout votre système.

En effet, ce personnage écrivait au consul de France à

Tunis, à la date du 15 septembre 1871 — 27 djoumad-el-
tani 1288.

« Quant à ce qu'il dit (le général Benaïad), concernant
« le séquestre de ses propriétés, il n'a pas le droit d'en
« parler, car le séquestre a été mis sur ses propriétés par
« le Gouvernement tunisien pour ce qu'il réclame de lui,
« lequel s'est considéré autorisé à cette mesure par la sen-
« tence rendue par la France. »

Ainsi, Général, il ne peut plus rester pour vous aucun
doute et aucune réponse possible après la lecture de cette
lettre. Le séquestre a été mis réellement par le Gouvernement tunisien, comme l'indique la sentence arbitrale, et a
été maintenu depuis. Pourquoi donc faire intervenir les
noms de mes neveux? Vous voyez clairement que votre
dire manque de vérité.

Vous dites, Général, que le gouvernement du Bey n'a
pas à redouter l'opinion publique en Europe. Malheureusement, il y a longtemps que cette opinion est formée, et elle
n'a pas besoin de ces tristes et trop longs débats pour savoir à quoi s'en tenir sur les procédés du Gouvernement
de la Régence.

Vous terminez votre lettre par des reproches faits en votre
nom personnel; je ne saurais les accepter et je proteste
contre les insinuations qui les accompagnent.

Jamais je n'ai entendu vous prendre directement à partie; c'est au fonctionnaire, c'est au représentant dé S. A. le Bey, que tous mes griefs s'adressent.

Agréez, je vous prie, Général, l'expression de mes sentiments distingués,

GÉNÉRAL MAHMOUD BENAIAD.

Paris, le 4 mai 1875.

Paris, Imprimerie Paul Dupont, rue J.-J.-Rousseau, 41.   (1180.5.75)